다카페일기
2

ZOKU DACAFE NIKKI
by MORI Yuji

Copyright © 2009 MORI Yuji
All rights reserved.

Originally published in Japan by HOME-SHA INC., Tokyo.
Korean translation rights arranged with HOME-SHA INC., Japan through THE SAKAI AGENCY and BC Agency.

이 책의 한국어판 저작권은 BC 에이전시를 통한 저작권자와의 독점 계약으로 북스코프에 있습니다.
저작권법에 의해 한국 내에서 보호를 받는 저작물이므로 무단 전재와 복제를 금합니다.

다카페 일기 2 続ダカフェ日記

행복이란, 분명 이런 것

모리 유지 글·사진
권남희 옮김

북스코프

평범한 일상을 담담하게 기록했습니다.
바다[바], 하늘[아듬], 와쿠친[개], 단고[개],
그리고 아내를 촬영했습니다만,
천성이 외출하는 걸 싫어해서
주로 집 안이나 집 근처에서만 찍었습니다.
하루하루 물 흐르듯이, 내일도 모레도
부디 잔잔히 흐르길 기도하면서.

　　　　　　　　　　　　　　모리 유지

다카페 가족을 소개합니다

글×아내 다짱

모리퐁 남편 1973년생. 취미가 많고 외출하기 싫어하는 규슈 남자. 특기는 방 구조 바꾸기. 갖고 싶은 것이 있으면 이미 사기로 결심했으면서도 멋대로 프레젠테이션을 시작한다. 그러나 대부분 건성으로 듣는다는 사실을 아직 눈치 채지 못한 듯. 프레젠테이션은 이제 그만 됐다고요.

다짱 아내 1974년생. 취미가 많은 남편에게 절대 휘둘리는 법이 없는 무취미인 주부. 방 구조를 바꿀 때면 어김없이 무거운 것을 옮기는 역할. 걸핏하면 열리는 남편의 프레젠테이션을 한 번쯤은 진지하게 들어보고 싶었지만, 도저히 이해하지 못함. 프레젠테이션은 정말로 됐다고요.

바다 누나 1999년생. 틈만 나면 만화를 읽고, 세 끼 밥보다 만화를 좋아함. 장래에는 귀찮지 않은 일을 하고 싶다고 함. "그렇지만 일이란 게 다 힘들겠지?" 하고 벌써 귀찮아함. 그 전에 의무교육이나 분발해주시기 바랍니다.

하늘 동생 2004년생. 하루 중 대부분은 에니메이션 주인공으로 변신해서 보냄. 어제 한 잠꼬대는 "변신!"과 "나는 강하다구!"였음. "커서 뭐가 되고 싶어?" 물으면 "안경 끼고 싶어"라고. 반드시 이루어질 거라 생각합니다요, 파이팅!

와쿠친 개 1996년생. 잡종. 우. 추운 지방인 아오모리 출생이면서 추위를 엄청나게 탐. 세 끼 밥보다 이불을 좋아함. 특기는 방에서 제일 좋은 위치에 자리 잡고 없는 척하기. 카레라이스를 하는 날은 괜히 들떠 있고(먹지 못하지만), 기본적으로 뭐든 눈으로 호소한다 (사람이 알아차리지는 못하지만).

단고 개 2008년생. 바셋 하운드. ♂. 불량스럽게 생겼지만 질투가 많고 외로움을 잘 탄다. 세상 무엇보다 밥을 좋아함. 특기는 손과 발과 귀를 파닥거리면서 달리기(둔족). 이름을 불러도 눈으로만 대답하고, 좀처럼 꼬리를 흔들지 않음. 몸을 최대한 아끼는 타입.

2007년 1월 1일 (월)
아야얏! 새해 복 많이 받으세요!

2007년 1월 6일 (토)
테이블 아래에서 움직이지 못하는 하늘. 도와주기 전에 사진부터 찍었더니 화가 났는지 말도 하지 않았다.

2007년 1월 15일 (월)
입맛을 다시는 와쿠친.

2007년 1월 20일 (토)
드디어 무서워하던 비둘기를 극복한 하늘. 거만하게 모이를 준다.

2007년 1월 24일 (수)
좀처럼 없는 기회에 평소 맺힌 원한을 다 푸는 바다와 하늘.
찌부러진 아내.

2007년 2월 4일 (일)
괴물의 출현에 흥분하며 진지하게 울트라맨을 응원하는 하늘.

2007년 1월 31일 (수)
아침 풍선.

2007년 2월 5일 (월)
야키소바를 뿌린 뒤에 주워 먹는 하늘. 으으, 그건 곤란해.

2007년 2월 9일 (금)
아이쿠. 하늘 군, 맥북MacBook을 잡수시네.

2007년 2월 27일 (화)
외출하기 전 현관에서. 뭔가 이상하네. 그 구두 혹시 하늘이의……?

2007년 2월 28일 (수)

메일을 확인하고 있는 나. 타로를 응원 중인 하늘과 레오와 아스트라와 울트라맨과 잭과 뫼비우스와 울트라의 아버지. 그리고 자고 있는 세븐.

2007년 3월 3일 (토)

의외로 오징어먹물 스파게티를 좋아하는 하늘.
아내가 하얀 셔츠를 입고 식당에 간 게 잘못이었다.

2007년 3월 6일 (화)
닌텐도에 몰두하는 아내. 아내의 흰머리 뽑기에 몰두하는 나. 사이도 좋으시지.
(바다가 찍음)

2007년 3월 10일 (토)

갑자기 추워져서 파카에 달린 모자를 씌웠더니 귀에 걸린다고
불만스러워하는 원숭이.

2007년 3월 19일 (월)
동물의 숲을 방해하는 하늘……의 다리가 W자네.

2007년 3월 20일 (화)
간발의 차이로 하늘이 쏟은 주스로부터 노트북을 구한 아내……를
찍으려고 내가 카메라를 준비하는 사이에 재빨리 노트북 앞으로 와서
울트라맨을 감상하는 하늘.

2007년 3월 20일 (화)
그 뒤에 한바탕 야단맞고 사과하는 하늘.
도저히 반성하는 것이라고 생각할 수 없는 시선의 끝.

2007년 3월 25일 (일)
탈피. 본체는 아무것도 입지 않았을 가능성이 큼.

2007년 3월 27일 (화)
빠져나가지 못해 몸부림치는 하늘.

2007년 3월 28일 (수)
아내가 신났다.

2007년 3월 30일 (금)
개미를 좋아하는 하늘.

2007년 3월 31일 (토)
오늘의 있을 수 없는 일. 남매, 카펫을 이불로 착각하다.

2007년 4월 5일 (목)
삐딱하게 난 알로카시아 오도라의 잎을 펴주려는 범인. 펴지지 않습니다.

2007년 4월 7일 (토)
사이좋게 껴안은 남매.
바다가 작은 소리로 "아, 냄새나" 하는 소리가 들렸다.

2007년 4월 10일 (화)
아마 배꼽으로는 체온을 잴 수 없을걸.

2007년 4월 12일 (목)
또 쿠션에 묻힌 와쿠친. 드디어 범인을 발견했다. (시선의 끝에 아내가)

2007년 4월 13일 (금)
흔들리는 누나의 치아가 신기한 하늘.

2007년 4월 14일 (토)
오늘의 있을 수 없는 일.
윗입술에 울트라맨 80의 상반신을
끼운 채 숙면하는 하늘.

2007년 4월 23일 (월)
숙제 중인 바다……의 시야에 들어가고 싶은 하늘.

2007년 4월 24일 (화)
안짱다리였다.

2007년 4월 28일 (토)
잠들기 직전의 하늘에게 다가가면 십중팔구 목을 노린다.
대책없이 당하는 아내.

2007년 5월 5일 (토)
통화 중인 하늘. "예, 예! 아, 옛! 아, 옛!" 내 흉내였다.

2007년 5월 9일 (수)
꼭 이불에서 내려간 뒤에야 자리를 잡는다.

2007년 5월 12일 (토)
급히 찍느라 뭐가 뭔지 알아볼 수 없게 됐지만,
그러니까 아침 일찍 방충망을 뜯고 있는 하늘이다.

2007년 5월 14일 (월)
숙제 안 하고 놀다가 아내에게 야단맞은 바다. 왜 아빠를 노려보는 거니?

2007년 5월 19일 (토)
동네에 있는 작은 유원지에서. 핑크색 전철을 탄 게 못마땅한 하늘.

2007년 5월 22일 (화)
누나에게 초콜릿을 건네는 하늘. 원래 초콜릿을 좋아하지 않는데다 하필 입으로 옮겨줘 고통스러운 상황의 바다.

2007년 5월 23일 (수)
낮잠 자는 중. 발가락만이 그의 버팀목.

2007년 5월 27일 (일)
먹이 주는 시간. 하늘이가 준 건 전부 어항 테두리에 묻었다.

2007년 5월 29일 (화)
숙제를 하다가 텔레비전을 보는 바다. 조심해, 엄마가 눈치챌지도 몰라!

2007년 5월 31일 (목)
이른 아침. 눈을 뜨면 하늘이가 없다. 어째서 이곳에!

2007년 6월 1일 (금)
저녁 무렵에 산책 삼아 역으로.
항상 놀던 계단에서 늘 그랬던 것처럼 하염없이 논다.

2007년 6월 2일 (토)
공원 놀이기구에서 아무 생각 없이 갈 수 있는 데까지 가는 하늘.

2007년 6월 2일 (토)
그리고 어떻게 해야 할지를 모른다.

2007년 6월 5일 (화)
오늘의 있을 수 없는 일. 저러고 잔다.

2007년 6월 6일 (수)
오늘의 있을 수 없는 일. 출항하는 하늘이의 신발.

2007년 6월 16일 (토)
베란다에서 비눗방울 놀이. 사정없이 하늘이를 공격하는 아내.

2007년 6월 16일 (토)
제법 능숙해진 하늘.

2007년 6월 20일 (수)
잔디에 눕기는 첫 경험이었는지 잔뜩 겁먹은 하늘.
쉽게 일으켜줄 수 없다는 의욕이 가득한 아내의 손.

2007년 6월 23일 (토)
꽃집에서 사온 수국이 남아서 찰칵.

2007년 6월 25일 (월)
증거를 포착하다. (하늘이의 티셔츠가 모두 너덜너덜함)

2007년 7월 1일 (일)
또 물을 쏟아버린 하늘이 발로 어떻게라도 증거를 감추려는 모습.
어떻게도 되지 않는단다.

2007년 7월 3일 (화)
파인더 너머로 눈이 마주쳤다. 무서웠다.

2007년 7월 5일 (목)
베란다에서. 그곳으로는 들어올 수 없습니다.

2007년 7월 9일 (월)
아직도 파란 바다의 방울토마토를 하늘이가 너무 일찍 수확해버렸다.
누나, 속이 쓰리다.

2007년 7월 11일 (수)
아내가 소리치자 하늘이는 안절부절.

2007년 7월 11일 (수)
상자에 돌려놓는 하늘. 그건 상당히 무리가 있다고 봄.

2007년 7월 18일 (수)
숙제 때문에 머리를 감싸고 있는 바다, 굴러가는 피구공.

2007년 7월 20일 (금)
유리 풍경을 구입. 창을 열고 바람을 기다린다.

2007년 8월 7일 (화)
지나가는 소나기에 몰려든 세 사람. "태풍이 굉장하네!"를 연발하는 조카 가오루.

2007년 8월 7일 (화)
"규슈 태풍 대단하지?"를 연발하는 나쁜 어른(나).

2007년 8월 14일 (화)
백중이어서 절에 갔다.

* 백중 우리나라의 추석에 해당하는 일본의 명절 - 옮긴이

2007년 8월 14일 (화)
아, 감사감사. 기도하는 하늘.

2007년 8월 18일 (토)
바다와 하늘이가 차 안에서 잠이 들었다.
잠시 드라이브를 하다 발견한 노을을 찍는 아내.

2007년 8월 22일 (수)
균형 잡기.

2007년 9월 2일 (일)
오리 공원에서 드디어 거북이에게 먹이 주는 방법을 터득한 하늘.

2007년 9월 5일 (수)
아, 아깝다!

2007년 9월 6일 (목)
상자에 들어간 아들.

2007년 9월 11일 (화)
대청소 중인 아내와 요리사.

2007년 9월 8일 (토)
귀를 후벼주자 드디어 다운된 말썽꾸러기.

2007년 9월 12일 (수)
바다가 견학을 가서 하늘이에게도 도시락을. 역시 호시탐탐 노리는 와쿠친.

2007년 9월 15일 (토)
박스에 넣었는데, 의외로 무덤덤한 와쿠친.

2007년 9월 28일 (금)
쓰레기통에 있던 경단(의 소스)를 핥아먹어서 아내에게 야단맞는 와쿠친.
내게 도움을 요청하는 중.

2007년 9월 30일 (일)
바다의 운동회 날. 비가 왔다. (도중에 그쳤습니다)

2007년 10월 2일 (화)
아침 여섯 시. "모리퐁, 일어나, 예뻐!" 하늘이가 아침노을을 보라고 깨웠다.
카메라를 들었지만, 마구 뻗친 하늘이 머리 때문에 아침노을이 문제가 아니었다.

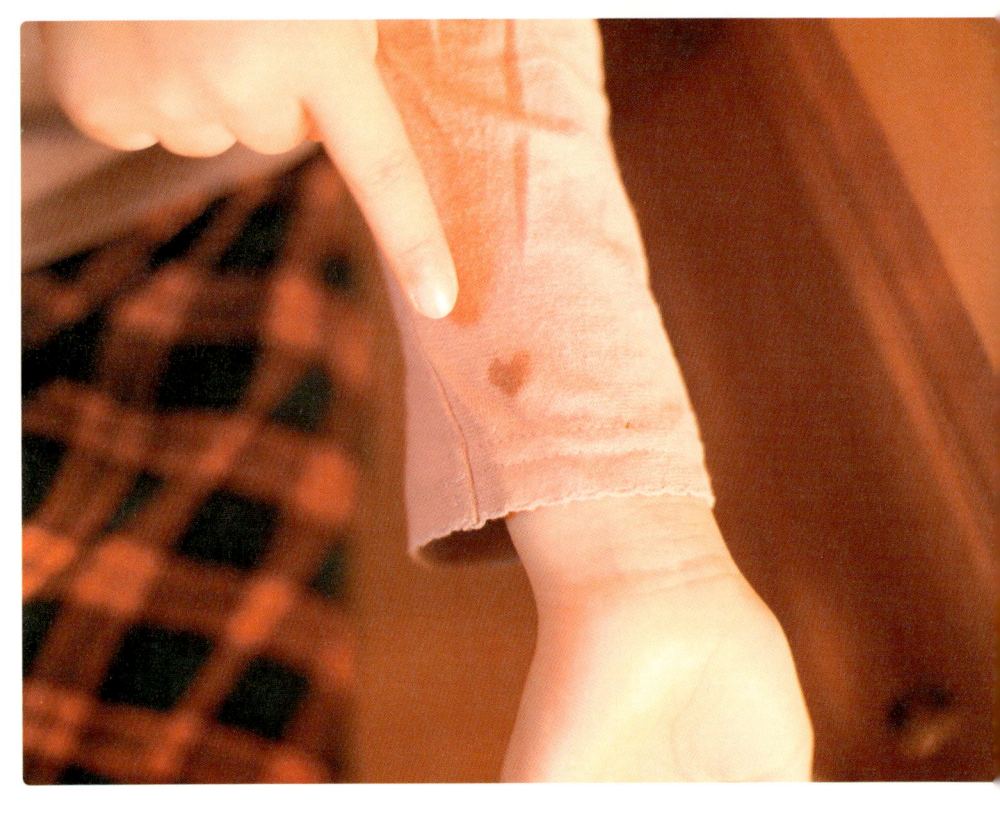

2007년 10월 6일 (토)
오늘의 있을 수 없는 일. 흘린 차의 얼룩이 하트 무늬.

2007년 10월 14일 (일)
낮잠 자는 중. 아내는 어떤 상황에서도 꿋꿋하게 잔다.

2007년 10월 23일 (화)
감독에게 야단맞는 선수. (그냥 햇볕쬐기 놀이입니다)

2007년 11월 7일 (수)
와쿠친의 생일. 여전히 귀찮아한다.

2007년 11월 8일 (목)
천하의 말썽꾸러기, 저 높이에서 겁을 먹고 있다.

2007년 11월 9일 (금)
생각이 짧은 하늘(오른쪽). 머리를 썼지만, 최악의 결과를 부른 바다(왼쪽).

2007년 11월 22일 (목)

"모리퐁, 나 좀 봐, 엄청난 기술이지?"
그러면서 보여준 건 그 시절의 바다와 같은 기술이었다.

2007년 11월 29일 (목)
하품.

2007년 12월 2일 (일)
바다의 손 메모. 글씨가 너무 크지 않니? (아노네 노트 쓰기 숙제가 있다는군요.)

2007년 12월 9일 (일)
바다의 생일. 부상당한 촛불 도둑. (촛불을 끄기 전에 엎어져 이마에 혹이 남)

2007년 12월 21일 (금)
하늘이와 산책.
손을 놓으면 날아갈 기세다.

2007년 12월 14일 (금)
나한테 야단맞고 바다에게 도움을 청하는 하늘……이 나를 노려본다.

2007년 12월 28일 (금)
대청소. 버릴 잡지가 자꾸자꾸 쌓여간다.

2007년 12월 29일 (토)
초저녁의 산책. 희한한 총총걸음.

2008년 1월 1일 (화)
새해 복 많이 받으세요.

2008년 1월 2일 (수)
눈이 내린다. 눈을 뜨질 못한다.

2008년 1월 9일 (수)
무심코 찍은 포테이토가 절묘한 균형을.

2008년 1월 13일 (일)
등유를 사러 달려간다.

2008년 1월 21일 (월)
사이좋게 낮잠.

2008년 1월 26일 (토)

와쿠친의 등에 풀로 종이를 붙여놓았다.

2008년 1월 26일 (토)
활짝 웃는 범인. (안 됩니다)

2008년 1월 31일 (목)
의기충천하여 산책에 나서다.

2008년 2월 8일 (금)

좋아하는 파운드케이크를 머리 위에 올려놓았는데 전혀 냄새를 못 맡는 와쿠친.

2008년 2월 10일 (일)
올라타서는 안 되는 곳에 올라탄 하늘. 불안해서 제정신이 아닌 와쿠친.

2008년 2월 11일 (월)
일어나긴 했지만 잠이 덜 깨 움직이지 못하는 아내.

2008년 2월 17일 (일)
창문에 서린 성에로 품위없는 그림을 그리는 아내.

2008년 3월 26일 (수)
생크림을 싫어하는 바다를 위해 미키 씨가 손수 만든 케이크를 가지고 왔다.
촛불 도둑을 그냥 두지 않는 서른 넷 어른.

2008년 4월 2일 (수)

꽃구경하는 하늘. 목이 졸려서 괴로운 아내.

2008년 4월 3일 (목)
너무 심하게 민 것 아닌가? (범인은 아내)

2008년 4월 10일 (목)
하늘, 유치원 입학하던 날 아침.

2008년 4월 4일 (금)
할머니 제사에. 역시 불끄기 도둑.

2008년 4월 12일 (토)
기적적으로 플러스와 마이너스를 맞추었다. 그러나 더 큰 건전지를 부탁합니다.

2008년 4월 14일 (월)
자주 뒤집어지는 유치원 가방.

2008년 4월 15일 (화)
주먹밥을 먹으면서 웃는 하늘. 기적의 순간(주먹밥의 낙하)을 기다리는 와쿠친.

2008년 4월 16일 (수)
호쾌한 다이빙 캐치. 폼은 제대로네.

2008년 4월 18일 (금)

벌써 바다도 3학년.

2008년 4월 23일 (수)

나의 공격.

2008년 4월 23일 (수)
하늘이의 공격. (바다가 촬영)

2008년 5월 8일 (목)
아침. 계란밥과 페리에.

2008년 5월 3일 (토)
하늘이가 자는 동안 온 방을
풍선으로 채워보았다.

2008년 5월 3일 (토)
신나서 풍선을 터트리는 바다. 조심스레 들여다보는 소심한 사내.

2008년 5월 11일 (일)
한계에 다다른 아내.

2008년 5월 12일 (월)
왜 거기다가. 웃음과 눈물의 날들.

2008년 5월 14일 (수)
도둑님. (분장은 아내)

2008년 5월 23일 (금)
외출 준비를 먼저 마친 바다. 베란다에서 날씨를 본다.

2008년 5월 27일 (화)
오늘도 한계에 다다른 아내.

2008년 5월 31일 (토)
어쩐 일로 늦게 일어난 하늘.

2008년 6월 2일 (월)
아내의 어깨를 빌려서 자는 온푸. (본가의 개)

2008년 6월 6일 (금)
오늘 날씨는 맑음이랍니다.

2008년 6월 9일 (월)
유치원에서 돌아오는 길에 미스터도넛에 들렀다.
아무리 첫 수영교실이었다고는 하지만…….

2008년 6월 12일 (목)
유치원에서 만든 토끼.

2008년 6월 14일 (토)
포켓몬 도감으로 조사 중인 남매. 드물게 다정한 포즈.

2008년 6월 19일 (목)
하루 할아버지의 오토바이를 타고 제대로 기분 내는 하늘. "달려!"

2008년 6월 20일 (금)
하늘이의 애완동물인 공벌레 가족의 뒷바라지를 떠맡은 아내.

2008년 6월 22일 (일)
비가 오는데 수국 촬영에 따라나선 하늘. 줄서서 기다리는 오리.

2008년 6월 24일 (화)
정신없이 벗어낸다. 빨래하기 바쁘다.

2008년 6월 25일 (수)
비눗방울과 배틀 중인 하늘. 역풍으로는 이길 수 없다…… 는 걸 깨닫지 못한다.

2008년 2월 23일 (토)
"와, 재밌다!"라고 하는 하늘. 그러나 난간을 잡은 손은 필사적이다.

2008년 2월 24일 (일)
노리는 와쿠친. (다음 순간, 테이블에 앞발을 올렸다고 아내에게 심하게 혼남)

2008년 2월 27일 (수)
낮잠에 빠지기 직전의 하늘.

2008년 3월 5일 (수)
족욕을 부러워해 넣어주었다. 머리는 감을 수 없습니다.

2008년 3월 6일 (목)
테이블에 오일을 칠하는 중.

2008년 3월 6일 (목)
하늘을 나는 하늘. (다음 순간, 아내에게 죽도록 혼난 하늘과 나)

2008년 3월 8일 (토)
하늘, 감기 걸리다.

2008년 3월 10일 (월)
아는 목재상 아저씨에게 목재 도미노를 선물받다. 아이들 못지않게 신나서
아름다운 그래프를 그리는 나. (하늘은 스타터 담당)

2008년 3월 10일 (월)
조급해하는 엄지손가락을 누르고 있는 하늘.

2008년 3월 11일 (화)
합체 괴물이라며. 오로지 방어와 수비만으로 적을 물리칠 태세.

2008년 3월 12일 (수)
숨바꼭질 중. 무서워.

2008년 3월 13일 (목)
'치익~' 하고 뿌리는 스프레이식 사탕을 먹는 하늘. 행복하겠구나.

2008년 3월 16일 (일)
아무래도 거꾸로인 것 같습니다.

2008년 3월 17일 (월)
두 손 위에 올라간 와쿠친.

2008년 3월 19일 (수)
어딘가 파랗다.

2008년 3월 24일 (월)
"머리가 딱딱해졌어……." 아이스크림을 먹고 머리가 띵해진 하늘.

2008년 6월 27일 (금)
나이프로 먹고 있는 하늘.

2008년 7월 1일 (화)
그렇게 건방지게 보는 사람은 지켜주지 않을걸.

2008년 7월 4일 (금)
유치원에 가기 전의 의식. (코딱지 파기)

2008년 7월 6일 (일)
구름이 핑크색이어서 바다와 사진 찍으러 감. 예쁘다.

2008년 7월 10일 (목)
방충망을 바꾸었습니다.

2008년 7월 11일 (금)
의자 다리를 사포질하고 오일로 마무리해야 하는데……. 지친 나.

2008년 7월 12일 (토)

데스노트 소리 연습 중인 맥시멈 더 아내몬. 곤혹스러워하는 와쿠친.

* 맥시멈 더 호르몬 일본의 헤비메탈 그룹. 〈데스노트〉 2기 오프닝과 엔딩을 부름 - 옮긴이

2008년 7월 17일 (목)
숙제하고 있는 바다. 몰래 숨어든 훼방꾼.

2008년 7월 18일 (금)
멜론맨.

2008년 7월 31일 (목)
"주머니가 안에 달려 있어!" 화내는 하늘.
어젯밤부터 거꾸로 입고 계십니다.

2008년 8월 1일 (금)
나오지 못하는 하늘.

2008년 8월 6일 (수)
오늘도 역시 멋진 노을. 바다하고.

2008년 8월 5일 (화)
"오른손은 주먹이고, 왼손은 가위, 그래서 달팽이가 됐지요~."
반대입니다요.

2008년 8월 8일 (금)
"후~" 하면 눈을 뜬다는데(아내의 말), 과연?

2008년 8월 9일 (토)
고질라 대 바다라.

2008년 8월 12일 (화)
"하늘이 당첨이야, 대성공이래!" 무슨 소릴 하는 건지.

* 절이나 신사에서 길흉을 점치기 위해 뽑는 제비를 '오미쿠지'라고 하는데, 까막눈 하늘이가 오미쿠지를 보고 마음대로 떠드는 말 - 옮긴이

2008년 8월 18일 (월)
오랜만에 집에서 작업. 점점 가까이 오는 훼방꾼.

2008년 8월 21일 (목)
다들 너무 주무심.

2008년 8월 27일 (수)
공원에서 낯익은 오리에게 모이 주기.

2008년 8월 31일 (일)
유치원에서 전시될 하늘이의 여름방학 작품. 소라 개구리라고…….

2008년 9월 8일 (월)
"다~ 짱~, 수상한 스위치가 있어!"

2008년 9월 8일 (월)
수상하지 않다고 생각한다.

2008년 9월 9일 (화)
"돈 주웠어! 주스 사 먹을래!" 살 수 없습니다. (볼트의 자릿쇠입니다)

2008년 9월 11일 (목)
한 마리 늘었다. (이름 단고, 암컷)

2008년 9월 24일 (수)
의자가 아닙니다.

2008년 9월 20일 (토)
와쿠친의 식사를 지켜보는
도둑님.

2008년 10월 4일 (토)
메롱.

2008년 10월 17일 (금)

감기로 운동회에 참가하지 못해, 금메달을 나중에 전달받고 기뻐하는 하늘.
"근데, 오늘은 운동회 연습 안 했어." 상황을 전혀 파악하지 못하고 있다.

2008년 10월 23일 (목)
울트라맨 가이아 등장.

2008년 10월 28일 (화)
오늘의 있을 수 없는 일. 단고, 이렇게 자고 있다.

2008년 11월 6일 (목)

월동 준비.

2008년 11월 12일 (수)
연습은 최소한으로 하고 시험에 임하는 자세가 나를 닮았다.

2008년 11월 13일 (목)
유치원에 가고 싶지 않은 하늘……이 아내에게 혼나기 직전.

2008년 11월 19일 (수)
수줍어하는 오줌싸개.

2008년 11월 21일 (금)
흘리는 걸 노리는 개들. 단고, 절대 불리.

2008년 11월 22일 (토)
예방접종에 완패.

2008년 12월 3일 (수)
타르타르 소스 사건.

2008년 12월 1일 (월)
바다, 새 자전거를 사다.

2008년 12월 1일 (월)
쫓아가는 하늘.

2008년 12월 8일 (월)
"엉덩이다, 엉덩이!" 하고 좋아하며 앞쪽으로 돌아가는 하늘.

2008년 12월 15일 (월)
재활용 쓰레기 버리는 날. 잡지를 묶으려고 했더니 끈이, 끈이…….

2008년 12월 17일 (수)
오늘의 있을 수 없는 일. 캐치볼.

2008년 12월 17일 (수)
아팠겠다.

2008년 12월 23일 (화)

하늘이와 단고의 싸움. 단고, 필사적.

2008년 12월 24일 (수)
처음 타는 롤러스케이트. 엎어져 발을 빼고 잔디를 걸어가는 바다.

2008년 12월 26일 (금)
"모리포~옹, 치즈 해 봐." ······거꾸로란다. 그리고 무서워.

2008년 12월 28일 (일)
단고차르트.

2009년 1월 1일 (목)
새해 복 많이 받으세요!

다카페 일기 2, 그 뒷이야기
(글 = 아내)

続 ダカフェ日記のおまけ
(文 = ヨメ)

숨바꼭질

바다와 하늘, 나 셋이서 영화를 보러 갔습니다. 가는 길에 잠깐 근처 쇼핑몰에 들렀습니다. 공휴일인 탓인지 사람이 많아서 일찌감치 철수하고 버스를 타고 돌아가기로 했습니다.
버스를 타기 전에 화장실에 다녀올까 하고, 두 아이의 손을 잡고 화장실로 향했습니다. 그 순간, 하늘이 "하늘이는 화장실 안 갈 거야" 하고 소리치며 잡고 있던 손을 뿌리치고 마구 뛰어서 왔던 길로 되돌아갔습니다. 앞에 가고 있던 바다를 불러 세우고, 얼른 돌아보았지만 이미 하늘이의 모습은 보이지 않았습니다. 눈 깜짝할 사이 일어난 사건에 당황하면서도, 곧바로 쫓아가서 화장실 통로를 지나 주위를 둘러보았습니다. 아까보다 사람이 더 늘어난 것 같았습니다. 바다와 둘이서 몇 번이나 "하늘아, 하늘아!" 불렀지만, 보이지 않습니다. 바로 옆 벤치에 앉아 있던 여자에게 "죄송합니다만, 지금 여기 세 살 정도의 남자아이가 지나가지 않았어요?" 물어보았으나, "못 봤는데요"라는 대답. 벤치 끝에는 출구가 있고, 그리로 나가면 바깥은 넓디넓은 주차장입니다. 불안했지만 그렇게 멀리까지 갔을 리 없다고 한 번 더 화장실 쪽으로 돌아왔습니다. 바다는 화장실 안으로 가서 "하늘아, 하늘아!" 몇 번이나 불렀습니다. 대답이 없습니다. 나도 화장실 주위를 한 바퀴 둘러보았지만, 하늘이는 보이지 않았습니다.

몸에서 핏기가 가시고 심장이 멎는 것 같을 때, 남자 화장실에서 50대 아저씨가 고개를 갸웃거리면서 나왔습니다. 퍼뜩 정신을 차리고 "죄송합니다, 안에 세 살 정도의 남자아이 하나 있지 않던가요?" 물었습니다. 그러자 아저씨는 "아, 있어요, 있어. 혼자 있어서 내가 말을 걸었더니, 싫어하면서 얼굴을 두 손으로 가리고 구석 쪽으로 도망갑디다"라고. "엄만가요?" 물어서 "예. 숨어 있는 아이가 제 아들입니다. 죄송합니다." 사과하자, "잠깐 기다려 봐요. 내가 데려다줄 테니까" 하고 아저씨는 다시 화장실로. 잠시 후, 난감한 얼굴로 고개를 저으면서 나왔습니다.

"내가 말을 거니까 더 도망가는걸요. 할 수 없지, 엄마가 직접 가 봐요. 엄마가 아니면 안 되겠네."

내가 "아, 그렇지만……" 하고 머뭇거리자, 아저씨는 "아이고, 괜찮습니다!" 하며 손짓을 했습니다. 남자 화장실 입구에서 "실례하겠습니다!" 꾸벅 인사를 하고 안으로 들어가자, 구석에 벽 쪽으로 돌아앉아 얼굴을 가린 채 쪼그리고 있는 하늘이가 보였습니다. 바다가 "하늘이다, 하늘아! 너 뭐하는 거야?" 말을 걸어도 하늘이는 움쩍도 하지 않습니다. 딱 감을 잡은 내가 "하늘이, 찾았다!" 소리치자, "까꿍!" 하고 돌아보며 얼굴 가득 미소를 띠우고 와서 안겼습니다. 나름대로 숨바꼭질이었던 겁니다. 우여곡절 끝에 남자 화장실을 뒤로 하고 안심한 것도 잠깐, 다음 순간 말로 표현할 수 없는 분노가 치밀어 올라 나도 모르게, "화장실에서 숨바꼭질하면 안 돼!" 하고 하늘이에게 소리를 질러버렸습니다. 느닷없이 야단을 맞은 하늘이는 깜짝 놀라 울음을 터트리고, 나까지 진이 빠져 눈물이 날 것 같았습니다. 하늘이를 껴안으면서 "우리 하늘이를 찾아서 다행이야" 머리를 쓰다듬고 있는데, 뒤에서 바다가 "……다짱? 여긴 화장실 앞이잖아. 다른 사람들한테 방해가 된다고. 응? 저리 가서 하지?"라고. 아, 그렇지! 퍼뜩 정신을 차리고 많은 사람들에게 폐를 끼쳤구나, 반성하면서 집으로 돌아왔습니다.

집에 온 뒤 하늘이는 남편에게 "하늘이, 오늘 숨바꼭질했어. 다짱이 꽥, 소리질렀어" 하고 의기양양하게 보고를 하더군요. 바다가 바로 이어서 "엄청 찾아다녔지 뭐야. 다짱이 '하늘이가 없어……' 하면서 잉잉 울어서 아주 난리였다니까"라고.

그래그래, 오늘은 다짱이 꽥, 소리 지르고 잉잉, 울고 그랬다! 하고 패배를 인정할 수밖에 없었습니다.

쉬잇, 쉬잇…… 조용히!

바다가 최근 들어 드물게 열이 나서 결석을 했습니다. 그래서 바다는 얼음 베개를 하고 누워 있는데, 하늘이가 자꾸 베갯머리에서 난동을 부렸습니다. 너무 시끄러워서 "누나가 열이 나서 자고 있으니까 조용히 하자. 쉬잇!" 하고 주의를 줬더니, "누나, 아파? 하늘이도 아파. 열나! 봐, 여기 따끈따끈해졌어!" 하고 땀투성이 이마를 가리켰습니다. "이건 땀이야. 열이 난 게 아니라고. 괜찮아." 그러자 "하늘이도 열난단 말이야! 하늘이도 차가운 베개 하고 싶어!" 하고 더 큰 소리로 떠들지 뭡니까. "쉬잇. 알았어, 알았어. 조용히 해." 그러자 하늘이는 입가에 검지를 세우고 "알았어. 쉬잇, 쉬잇…… 조용히, 쉬잇…… 하니까 오줌 마렵잖아!" 하고 허둥지둥 화장실로 달려갔습니다.
"여기서 오줌 싸지 마……." 이불 속에서 아픈 바다가 중얼거렸습니다.

얼음 베개

얼마 전 바다가 열이 나서 결석했을 때부터입니다만, 하늘이는 얼음 베개가 마음에 들었는지 매일 얼음 베개를 꺼내달라고 합니다.

처음에는 뺨을 대고 "아아~ 기분 도타(좋다)~" 하는 정도이더니, 점점 도를 넘어 결국에는 얼음 베개를 싼 수건을 풀고 발로 짓밟아서 주의를 줬습니다. 그러자 "그만 말해!" 하고 화를 내더니, 그대로 얼음 베개와 함께 침실에 틀어박혀버렸습니다.

몇 초 후 몰래 침실을 들여다보니, 아니나 다를까, 하늘이는 얼음 베개 위에 앉아 있습니다. 그것도 바지와 팬티를 벗고서 말이죠. 왜 맨살로……? 약간 동요하면서도 "베개에 앉으면 안 돼!" 주의하자, 이번에는 화를 내지도 않고 얼음 베개에서 벌떡 일어나더니 "다짱, 여기 하늘이 언덕이(엉덩이) 만져봐. 타가워(차가워)~" 하고 엉덩이를 들이댔습니다. 하늘이는 "봐, 타갑지?" 하면서 내 오른손을 잡고 자기 엉덩이에 착 갖다 대는 겁니다. 선뜩하고 차가운 맨 엉덩이였습니다. 방에 들어간 그 몇 초 동안 이 세 살짜리 아이에게 바지와 팬티를 벗을 여유가 있었나? 하늘이에게 팬티와 바지를 입힌 뒤 "곧 밥 먹을 거니까 이리 나와" 하고 거실로 유도하자, "그쪽은 안 가!" 하고 또 맹렬하게 화를 내며 침실로 돌아가버렸습니다.

다시 침실에 틀어박혀버려서 이번에는 마음속으로 천천히 셋을 센 뒤 문을 열었더니 거기에는 맨 엉덩이가 환영幻影처럼……. 그런 짓을 몇 번 반복하다가 결국 "배가 아야해서 꾸불꾸불한 웅가가 나올지도 모르겠네(설사를 할지도 모르겠다는 말)" 하고 스스로 팬티와 바지를 입었습니다. 아무런 술수도 트릭도 없는, 한바탕의 엉덩이쇼였습니다.

카페오레

아이가 있어서가 아니라, 나는 패밀리레스토랑을 좋아합니다. 주문을 하고 기다리는 동안 드링크 바를 이용하는 것이 즐거워 미칠 것 같습니다.

바다는 제법 음료 마시는 속도를 조절할 줄 알아서 어릴 때처럼 음식이 나오기 전에 주스로 배를 채우는 일이 없습니다. 하지만 최근 들어 뭐든 혼자 하고 싶어 하는 하늘이는 주스도 혼자 따르고 싶어 합니다. 그리고 '반드시'라고 해도 좋을 정도로 모든 소프트드링크를 섞어버립니다. 겉보기에는 이상한데, 마셔보면 의외로 맛있을 때도 있습니다.

며칠 전, 녹색 빛이 나는 음료를 가져온 하늘이에게 "오늘은 무슨 주스야?" 물었습니다. 그랬더니 "엉? 이거 카포레인데? 하늘이는 카포레밖에 안 마셔"라고. 마침 그때 나도 카페오레를 가져왔기 때문에 "다짱하고 똑같네, 카페오레" 하고 컵에 담긴 음료를 보여주자 "아아, 이건 어른들이 마시는 뜨거운 카포레네. 하늘이 꺼는 타가워(차가워)"랍니다. 마침 자리에 앉은 남편이 아이스 카페오레를 가지고 왔습니다. "모리퐁의 카페오레, 하늘이 카페오레하고 똑같네!" 하고 말하자, 남편의 잔과 자신의 잔을 비교해 보면서 "아아! 모리퐁 꺼는 쓴 카포레네. 하늘이 꺼는 달아." 잠시 후, 식사를 하고 있을 때 바다가 "하늘이 그거! 뭐야?" 하고 놀라서 하늘이의 잔을 가리키길래 보았더니, 잔 안의 음료가 분리되어 바닥에 녹색 침전물이……. 하늘이는 "어? 이거? 어린이의 달콤한 카포레야" 하고 강력하게 주장하면서 빨대를 입에 물고 쪽쪽 빨았습니다.

도대체 소프트드링크를 전부 섞은 카페오레는 어떤 맛일까요? 정말로 단지 어떤지 꼭 확인하고 싶었던 나는 "다짱이 좀 마셔도 돼?" 부탁해서 조심조심 맛을 봤더니, 너무 시어서 나도 모르게 "아, 시어!"라는 소리가 나왔습니다. 그러자 하늘이가 바로 "처음에는 시지만, 나중에 달아. 그렇지? 달아졌지?" 하고 말해서, "응. 다짱한테는 너무 단 것 같아"라고 해주었습니다.
"이건 어린이용 카포레거든. 아, 달다!" 하고 더욱 단맛을 어필하는 하늘. "그래. 어른 것은 '카페오레'지"라고 말해주고 싶은 것을 꾹 참았습니다. 언젠가 하늘이가 진짜 카페오레를 음미할 수 있는 날이 왔으면 좋겠습니다.

다짱도?

유치원에 다니기 전까지, 하늘이는 젊은 여자를 싫어했습니다. 낯가림은 별로 안 하는 편이라고 생각했는데, 아기 때부터 젊은 여자가 말을 걸면 표정이 굳어지거나, 짜증을 내거나, 울거나……. 그래서 유치원에 보내기로 했을 때 약간 불안했습니다.

유치원 가는 첫날 아침, 하늘이는 유치원 문 앞에서 나를 떠나려 하지 않았습니다. 교실까지 따라갔지만, 시간이 흐르면 흐를수록 떨어지려고 하지 않는 겁니다. 매달리는 하늘이를 억지로 떼어서 선생님한테 부탁하고, 얼른 유치원을 나왔습니다. 선생님한테 안겨서도 "다짱!!!" 하고 울부짖는 하늘이의 목소리는 그야말로 단말마의 비명 같았습니다.

그런 극적인 이별을 하고 두 시간 뒤에 유치원에 데리러 가자, 하늘이가 또 울기 시작했습니다. "다짱이 데리러 왔잖아, 왜 또 우는 거야?" 물었더니, "아직 돌아가고 싶지 않아!"랍니다. "더 놀 거야!" 하고 울부짖으면서 팔다리를 버둥거리는 하늘이를 안아들고 유치원을 나왔습니다.

집에 와서 "내일도 유치원 가?" 몇 번이나 묻는 하늘이에게 "내일도 갈 거야" 하고 대답했더니, 미칠 듯이 기뻐했습니다. 그 후 하늘이는 유치원을 아주 좋아하게 됐습니다.

어느 날, 하늘이가 "하늘이는 ○○ 선생님이 좋아"라고 해서 "○○ 선생님 어디가 제일 좋아?" 물어보았습니다. 그랬더니 얼른 대답하기를 "얼굴!"이라나요. 때마침 옆에 있던 남편도 무언으로 깊이 끄덕였습니다. "그 선생님은 착하고, 만날 안아주고, 만날 웃고 있고, 만날 '괜찮아' 이러고. 그래서 하늘이는 선생님이 제일 좋아." 그러는 하늘이에게 "있지, 있지, 다짱하고 ○○ 선생님하고 누가 더 좋아?" 하고 심술궂게 물어 보았습니다. 그랬더니 말이 끝나기 바쁘게 "○○ 선생님! ……앗! 어, 그러니까 다짱도?" 하고 덧붙여주었습니다. "도?"라니!

우리 집 막내, 단고

와쿠친은 열네 살이 되었습니다. 어느새 귀도 멀고 잠만 자는 생활을 만끽하며, 평온한 날들을 보내고 있었습니다. 그렇게 한가로이 지내던 작년 여름이 끝나갈 무렵, 단고가 새 식구로 들어왔습니다. 그때까지의 평온한 일상이 확 바뀌어, 말도 못하게 시끌벅적한 날들이 시작되었습니다. 두 마리의 개를 보고 있으면, 불과 2~3년 전의 바다와 하늘이 같아서 아주 재미있습니다.

새 식구가 된 단고는 3~4킬로그램 정도의 강아지여서 '개'이긴 하지만 우리 집 막내 같은 존재로 귀여움을 받고 있습니다. 엄청나게 큰 귀를 자기 앞발로 밟아서 고꾸라지는 모습은 얼마나 귀여운지. 와쿠친의 다리에 자꾸 엉겨 붙자 와쿠친은 난감한 표정을 지으면서도, 조그만 단고를 밟지 않으려고 긴 다리를 재주 좋게 접으면서 조심조심 다닙니다. 밤에 아이들과 와쿠친이 침실에서 자고 있으면, 자기도 코를 쿵쿵거리면서 찾아가 하늘이 옆에 바짝 달라붙어서 잡니다.

단고가 온 뒤 몇 개월이 지난 어느 날 밤, 침실에서 이상한 소리가 들려 무슨 일인가 하고 가 보니, 단고가 이불 한가운데 큰 대자로 누워서 코를 골고 있었습니다. 아이들은 어느새 이불 양 끝으로 밀려나 있고, 와쿠친이 보이지 않아서 찾아보니 단고의 코 고는 소리가 시끄러웠던지, 거실 소파에서 자고 있었습니다. 자세히 보니 큰 대자로 누운 단고의 몸길이는 하늘이 키만큼 커 있었습니다.

다음 날 아침 단고를 안고 체중을 재 보았더니, 하늘이와 1킬로그램밖에 차이가 나지 않았습니다. 와쿠친의 배나 됩니다. 엄청나게 빠른 성장에 놀라면서도 한편으로는 안타까웠습니다. 오늘도 우리 집 막내 단고는 펄펄 넘치는 기운으로 제멋대로 난동을 부리고 다닙니다. 몸도 크고 얼굴도 아저씨 같아서 '막내'라고 하기에는 너무 관록 있는 게 아닌가 싶은 단고……, 생후 6개월입니다.

닌텐도

하늘이가 아직 유치원에 들어가기 전. 바다가 학교에 간 뒤 좀 쓸쓸해하는 것 같았습니다. "누나 학교 갔네. 어? 이거, 누나가 좋아하는 건데 안 갖고 갔어!" 바다가 좋아하는 물개 인형을 발견하고는 혼자서 큰일 난 것처럼 허둥거렸습니다. "학교에 장난감 갖고 가면 안 되는 거야" 일러주자, "왜에? 좋아하는 건데?" 하고 놀랐습니다.

한참 후, 이상하게 조용히 논다 싶어서 뭐하나 보러 갔더니, 방 한구석에서 뭔가를 껴안듯이 하고 앉아 있었습니다. "하늘아, 뭐 하니?" 하고 말을 걸자 후다닥 놀란 모습으로 돌아보았습니다. 손에는 어디서 찾아냈는지, 바다의 닌텐도DS가 들려 있습니다.

"이건 누나가 젤 아끼는 닌텐도야. 하늘이가 만지려고 하면, 누나가 '이건 만지면 안 돼!' 하는 거지? '펑 하고 터져. 닌텐도는 위험하니까 만지면 안 돼!' 하고 화내는 거지?" 했더니, "근데 하늘이가 만졌는데 펑 안 하네. 닌텐도 안 위험하네" 하면서 검지로 액정 화면을 마구 누릅니다. 저녁 무렵, 집에 온 바다에게 "누나, 누나, 닌텐도 펑 안 했어! 엄마가 이제 안 위험하댔어!" 하고 보고했습니다. '왜 내 닌텐도를 만지게 하는 거야. 엄마 것도 있으면서!' 하듯 바라보는 바다의 시선이 고통스러웠습니다.

성격

똑같이 키운다고 생각하는데, 성격도 취향도 다른 바다와 하늘. 좋아하는 음식도 미묘하게 다르고, 성격은 완전히 대조적입니다. 전에 내가 감기에 걸려 누워 있던 때였습니다. 침실에 누워 있으니 하늘이가 불안한 듯이 미간에 주름을 지으며 몇 번이나 와서는 "열나? 많이 나? 괜찮아?" 말을 걸면서 내 머리와 얼굴을 쓰다듬고 갔습니다. 열 때문에 신음하다 얼핏 눈을 떴을 때, 바다가 다가왔습니다. 아아, 바다도 걱정이 되어서 불안하구나, 하고 바다의 머리를 쓰다듬어주려고 손을 내밀었는데, 바다가 얼굴을 바싹 갖다 붙이며 말했습니다. "저녁은 어떻게 할 거야? 할 수 있겠어?" 상상하지 못했던 전개에 약간 곤혹스러우면서도 "무리일 것 같아. 미안해" 그랬더니, "응, 알았어. 괜찮아. 누워 있어" 하고 얼른 침실을 나갔습니다. "모리퐁, 다짱이 밥 못 하겠대. 저녁 어떻게 할 거야? 피자 배달? 편의점에 갈까?" 하고 의논하는 소리가 들립니다. 그런 소리를 들으면서 벌써 저녁때가 됐나, 꽤 많이 잤나 보네, 하고 시계를 보니 오후 3시. 역시 남편도 "점심 먹은 지 얼마 안 됐잖아. 아직 괜찮아" 라고 합니다. 그러자 바다는 잽싸게 "그렇지만 하늘이가 아까부터 다짱한테 자꾸 가잖아? 그니까 다짱이 제대로 잠을 못 잘 거 아냐? 그니까 비디오 가게에 가서 하늘이에게 DVD라도 빌려주는 게 좋지 않겠어? 그렇지만 오늘은 토요일이니까, DVD 같은 거 다른 손님이 빌려갈지도 모르잖아? 그니까 빨리 가야 되겠지? 그리고 비디오 가게에서 돌아오는 길에 편의점에 들러서 도시락 사고, 또 하늘이한테 과자라도 사주면 좋지 않을까? 그니까 빨리 가야 돼"란다. '그니까'가 너무 많아…… 생각하면서, 그대로 잠이 들어버렸습니다.

눈을 뜨자 또 침실로 들어온 하늘이가 "다짱, 다녀왔습니다"합니다. "어서 와. 어디 다녀왔어?" 물었더니, "텔레비전 가게(비디오 가게를 말함)하고 시레븐(세븐일레븐). 이거 사왔어" 하고 내미는 손에는 뭔가 장난감이 든 과자 같은 것이. "누나는?" 묻자, "누나는 텔레비전 봐. 슈고캬라(여자아이용 애니메이션). 하늘이는 남자니까 슈고캬라 안 봐." 냉정하고 현실적이고 센스 있는 누나를 가장하고, 그저 욕망에 충실한 점은 분명 남편을 닮았습니다. 그러니까 내일 저녁은 꼭 해줄 겁니다, 불끈!

밤

어느 날, 남편과 아이들이 목욕하러 들어갔을 때입니다. 욕실 안이 갑자기 소란스러워져 무슨 일인가 생각하면서 저녁 설거지를 하고 있었습니다. 잠시 후, 목욕 타월을 한 손에 들고 흠뻑 젖은 아이들이 거실로 달려왔습니다. 하늘이가 "하늘이가 이따나(있잖아), 찰싹했더니 모리퐁이 부앙! 해서 이따나, 물이 텀벙해떠(텀벙했어)" 하고 콧김도 거칠게 내뿜으며 보고를 했습니다. 바다는 그걸 들으면서 깔깔깔 뒹굽니다.

무서울 정도로 흥분한 아이들을 달래서 간신히 잠옷을 입혔을 때, 남편이 빨개진 얼굴을 하고 휘청거리면서 나왔습니다. "기분 나빠졌어." 투덜거리는 남편에게 다정하게 보리차를 한 잔 주었습니다. 남편이 아이들과 욕실에 들어가면 언제나 아이들이 너무 흥분해서 나로서는 뒤처리가 곤혹스럽습니다. 이 날은 욕조에서 공중돌기를 했는데, 공중돌기 도중에 하늘이가 남편의 엉덩이를 찰싹찰싹 때려놓고 기뻐했던 것입니다.

목욕할 때뿐만 아니라 잠을 재울 때 그림책을 읽어주다 보면 결국 그림책은 남편이 만든 즉흥 옛날이야기로 바뀌고, 아이들은 잠을 자기는커녕 깔깔 웃느라 정신이 없습니다. 노래까지 불러가며 한바탕 난리법석이 이어지다, 족히 한 시간 정도 지났을 무렵에야 웃다 지친 아이들은 희미하게 미소를 머금은 채 잠이 듭니다. 그런 다음 날 아침에는 대개 복통으로 미간을 찡그리고 있습니다. 좀처럼 몸이 아픈 일이 없는 바다가 불안한 모습으로 "다짱, 왠지 배가 아픈데……" 하고 호소를 합니다만, "어제 너무 웃어서 근육통 생긴 거 아냐?"라고 대답할 수밖에 없습니다. 남편까지 "목이 아픈 것 같은데 감기 걸린 걸까?" 이러고 나와서, "아이들 재울 때 너무 흥분시켜서 그렇잖아요!" 하고 일단 감사와 사랑을 담아 소리를 질렀습니다.

후기 비슷한……

이른 저녁 시간에 목욕을 하고 베란다에서 시원하게 보내는 것,
편의점에서 얼음을 사는 것,
제일 좋아하는 마쓰야의 생과자를 먹는 것,
새 커피콩이 뜨거운 물을 머금고 놀랄 만큼 부푸는 것,
앰프의 진공관을 바꾸고 히죽거리는 것,
바다의 숙제 답을 몰래 가르쳐줘 일찍 끝내게 하는 것,
하늘이를 간지럼 태워서 지옥으로 떨어뜨리는 것,
와쿠친의 얼굴을 우글쭈글해지게 쓰다듬는 것,
단고와 태클 접전을 펼치는 것,
아내와 둘이 드라마의 다음 편을 기다리는 것,
그런 작은 선물을 많이 준비하면서
앞으로도 담담하게 하루하루를 즐기며 살아가야지 생각합니다.
그저 흐르는 대로 몸을 맡기면서
흘러가는 하루하루를 받아들여야지 생각합니다.

편집부의 사카이 씨, 디자이너 하다 씨,
언제나 『다카페 일기』를 읽어주시는 독자 여러분,
지금 처음 읽어주신 여러분.
정말로 감사합니다.

모리 유지

옮긴이의 글

2007년부터 2009년 초반까지 약 200장의 사진을 모은 『다카페 일기 2』가 나왔습니다. 전편에서 아직 꼬마였던 바다는 벌써 초등학교 4학년, 꼬맹이 하늘은 파워 넘치는 유치원생이 되었습니다. 견공치고는 상당히 고령인 와쿠친의 힘없는 모습이 안타깝지만, 간혹 등장하는 엄마 다짱과 아빠 모리퐁은 여전하네요. 그리고 새 견공 식구로 바셋 하운드인 단고가 등장하여 어린 나이답지 않은 노안으로 재롱을 부리고 있습니다(아이들이 자는 방에서 이불 한가운데를 차지하고 큰 대자로 누워 코를 골며 잔다나요). 여전히 핑크 하트로 가득 채운 듯한 이 행복한 가족의 이야기 『다카페 일기 2』가 왔을 때, 얼마나 반가운지 잠시 나이를 잊고 꺅꺅거렸습니다. 전편을 작업할 때의 (흥분에 가까운) 기쁨이 아직 가시지도 않았는데 말이지요. 주책스러운 친척 아줌마처럼 바다와 하늘이의 사진을 보며 "너네 많이 컸구나!" 하고 호들갑을 떠는 제 모습은 다행히 우리 집 애완견 나무밖에 보지 않았답니다.

『다카페 일기』가 나올 때만 해도 '다카페 일기(http://www.dacafe.cc)' 사이트에 하루 접속 건수가 3만 건인 인기 홈피라고 소개했는데, 요즘은 거의 7만 건에 육박한다고 합니다. '평범한 가족의 평범한 일상을 찍은 평범한 사진'이 그토록 인기가 많은 이유는, "힘든 하루 일과를 마치고 돌아와 아무 생각 없이 안식을 찾고 싶어서 이 사이트를 찾는다"라는 독자들의 글에서 찾아볼 수 있을 것 같습니다. '아무 생각 없이' 멍하니 보고 있으면 저절로 씨익~ 웃게 되는 사진 속 모델(바다든 하늘이든 와쿠친이든 단고든 아내든)의 귀엽거나 엉뚱한 모습과 모리퐁 씨의 재치 있는 글 한 줄이 어디서도 찾을 수 없는 매력인 것 같습니다.

『다카페 일기 2』에서는 전편보다 하늘이의 짓궂은 모습이 많습니다. 그리고 새 식구 단고의 활약도 와쿠친을 넘어섰습니다. 무엇보다 엄마 다짱이 쓴 다카페 가족 이야기가 10여 쪽이나 실

려 있어서 대박이었습니다. 모리퐁 씨의 사진도 좋지만, 격투기 마니아 다짱이 쓴 가족 이야기도 못잖게 좋습니다. 다짱의 재치와 유머, 그리고 사랑스러운 눈으로 가족을 바라보는 시선은 모리퐁 씨의 사진에 조금도 뒤지지 않습니다.

다카페 이야기는 책장을 모두 넘기고 나면 그냥 덮기 섭섭해서 다시 앞으로 돌아가게 됩니다. 세 번째 책은 백과사전처럼 두껍게 만들었으면 좋겠습니다. 다음에 다카페 가족을 만나게 될 때는 바다와 하늘이가 또 얼마나 성장해 있을지, 와쿠친은 건강할지, 단고의 천방지축은 얼마나 더 심해질지 벌써부터 기다려집니다. 입이 아프도록 말해도 부족할 만큼 즐겁고 행복한 사진집이었습니다.

2009년 11월
열여섯 살이 되는 정하와 귀여운 나무(시추)에게 사랑을 보내며,
권남희

모리 유지(森友治)

1973년 후쿠오카에서 태어나 자랐다. 아내와 아이 둘, 개 한 마리와 산다. 기타자토 대학 축산학과를 졸업했고 전공은 돼지의 행동학. 돼지의 기분을 잘 아는 카메라맨 겸 디자이너로, 사진과 그래픽 디자인을 생업으로 하고 있다(돼지를 찍는 것은 아니다).
1999년부터 인터넷에 사진을 공개하기 시작하여, 현재는 1일 접속 수가 3만 건에 이른다. 그 기대에 부응하고자, 어디에서나 볼 수 있는 가족의 일상을 담담하게 찍어서 사진 일기를 계속 올리고 있다. 참고로 『다카페 일기』의 '다카페'란 평범한 3DK(방 셋, 거실, 주방) 맨션, 즉 자택이다.
홈페이지 http://www.dacafe.cc

1966년생. 일본문학 전문번역가. 지은 책으로 『동경신혼일기』 『왜 나보다 못난 여자가 잘난 남자와 결혼할까』 공저로 『번역은 내 운명』이 있으며, 옮긴 책으로 『러브레터』 『무라카미 라디오』 『빵가게 재습격』 『밤의 피크닉』 『퍼레이드』 『막다른 골목에 사는 남자』 『바다에서 기다리다』 『마호로 역 다다 심부름집』 『미나의 행진』 『우연한 축복』 『멋진 하루』 『젖과 알』 등 다수가 있다.

다카페 일기 2
한국어판 ⓒ 북스코프, 2009

1판 1쇄 펴냄 | 2009년 12월 15일
1판 4쇄 펴냄 | 2011년 11월 10일

지은이 | 모리 유지
옮긴이 | 권남희
펴낸이 | 김정호
펴낸곳 | 북스코프

출판등록 2006년 11월 23일 (제2-4510호)
100-802 서울시 중구 남대문로 5가 526 대우재단빌딩 8층
전화 02-6366-0513(편집) | 02-6366-0514(주문)
팩스 02-6366-0515
전자우편 book@acanet.co.kr

ISBN 978-89-961132-5-6 03830
ISBN 978-89-962651-0-5 (세트)
Printed in Seoul, Korea.

★ 값은 뒤표지에 있습니다.

★ 사진 구도에 우선하여 편집했기에 몇몇 사진 일기는 날짜 순서를 따르지 않았습니다.